2021

FAST & CURIOUS

Apprendre vite et bien

MANAGEMENT

en 48 pages

Vuibert

Thierry Burger-Helmchen

Retrouvez les suppléments en ligne :
grilles d'auto-évaluation
et aide-mémoire du manager.
www.vuibert.fr/site/623611

En cas de modifications intervenant après parution, les éléments actualisés seront disponibles en ligne sur le site Vuibert.

ISBN : 978-2-311-62361-1
ISSN : 2728-2112
Conception de la couverture et de la maquette intérieure : Séverine Tanguy
Composition : PCA
Illustration de couverture : Dominique Archambault

Retrouvez tous les titres de la collection « Fast & Curious » sur le site Internet des éditions Vuibert : www.vuibert.fr/collection/fast-curious

Site Internet : http://www.vuibert.fr

PEFC 10-31-2677

Achevé d'imprimer en décembre 2020 en France par Présence Graphique
Dépôt légal : janvier 2021 – N° éditeur : MAGSI2020190328

SOMMAIRE

Fiche 1 Management et types d'entreprises

Le management a pour ambition d'**améliorer le pilotage de structures de toutes tailles (une entreprise, par exemple) et de tous secteurs**, en organisant et en coordonnant leurs activités **afin d'atteindre un ensemble d'objectifs préalablement définis**.

Les différents types de management

On distingue :

- **le management stratégique**, qui relève de la direction de l'entreprise et concerne les décisions, ainsi que la fixation d'objectifs en faveur de la pérennisation et du développement à long terme ;
- **le management opérationnel**, qui concerne les décisions prises par les managers, à court et à moyen terme, afin d'optimiser la consommation de ressources pour atteindre les objectifs.

Exemple Otto est un manager opérationnel. Il se concentre sur la gestion de la production au quotidien avec son équipe.
Ubu, manager intermédiaire, fait le lien entre les directives stratégiques et les managers opérationnels. Il transforme la stratégie en objectifs et en moyens opérationnels.

Les organisations

Le management concerne tous les types d'organisations : institutions publiques, associations et, bien sûr, entreprises.

Les **entreprises** sont des **systèmes sociaux, productifs, en interaction sur plusieurs marchés. Elles sont dynamiques, complexes et largement autonomes**.

- Ce sont des **systèmes sociaux**, car les salariés et les managers exercent des activités en équipe, en groupe, en communauté. La productivité des entreprises est le résultat de leurs interactions et des synergies créées.
- Ce sont des **systèmes productifs** qui transforment différents facteurs (matières premières, produits intermédiaires, énergie, travail) en produits ou services. La **production** est la source de **création de valeur**.
- La valeur créée est échangée via un **système de marché**. Un marché est un lieu physique ou virtuel qui marque la rencontre entre toutes les offres concurrentes de produits similaires et la demande des consommateurs. Ce mécanisme contribue à la **fixation des prix**.
- Les entreprises sont actives sur plusieurs marchés : ceux où elles acquièrent des ressources et ceux où elles vendent

leur production. Les entreprises sont donc des **systèmes ouverts**.

- Les conditions de marché (prix), ainsi que son environnement économique (degré de concurrence, règles, technologies, etc.) se modifient continuellement. Les entreprises (et les pratiques de management) doivent s'adapter constamment; ce sont donc des **systèmes dynamiques**.
- L'enchevêtrement de processus internes et d'interactions externes en fait des **systèmes complexes**, dont certaines évolutions sont difficiles à prévoir, d'où un besoin constant de **management**.
- Les entreprises définissent leur stratégie et leurs pratiques de management, planifient leurs activités et exécutent les missions qu'elles ont elles-mêmes définies de manière **autonome**.

On distingue les entreprises en fonction de leur taille et de leur chiffre d'affaires, mais on peut aussi les catégoriser selon leur forme juridique ou leur secteur d'activité.

Les types d'entreprises (classification européenne 2019)

	Effectif	Chiffre d'affaires annuel	Montant du bilan annuel	Nombre d'entreprises en France
Micro-entreprise		< 81500 € pour les opérations d'achat-vente et 32600 € pour les opérations de production		3701363
Très petite entreprise	< 10 salariés	< 2 millions €	< 2 millions €	
Petite entreprise	10 à 49 salariés	< 10 millions €	< 10 millions €	147767
Moyenne entreprise	50 à 250 salariés	< 50 millions €	< 43 millions €	
Grande entreprise	> 250 salariés	> 50 millions €	> 43 millions €	5979

ATTENTION ! La classification française se distingue de la classification européenne. La France a choisi de regrouper les très petites, petites et moyennes entreprises en une seule catégorie: les petites et moyennes entreprises (**PME**). Elle a également introduit une sous-catégorie dans les grandes entreprises: les entreprises de taille intermédiaire (**ETI**), avec moins de 5000 personnes et un chiffre d'affaires inférieur à 1,5 milliard d'euros.

Fiche 2 Management et missions de l'entreprise

Les missions de l'entreprise sont multiples. Pour les mener à bien, les managers endossent plusieurs rôles.

Missions de l'entreprise

Les missions de l'entreprise, ses finalités ou encore sa raison d'être consistent à satisfaire différents groupes (aussi appelés **parties prenantes**). L'entreprise tire un **profit** de son activité de production. Les parties prenantes participent à la génération de ce profit, mais en sont également en partie les récipiendaires.

Matrice des parties prenantes

Catégorie de parties prenantes	Exemple de méthode de satisfaction des parties prenantes
Clients	Adapter les produits, définir les prix, fournir de l'information, produire à qualité constante…
Collaborateurs	Proposer une rémunération adaptée, offrir des conditions d'exercice de l'activité professionnelle dignes, proposer des formations, veiller à l'épanouissement des individus…
Investisseurs	Rémunérer les prêteurs pour les capitaux investis et les associés pour leur apport en capitaux propres…
Concurrence	Ne pas dénigrer la concurrence, ne pas pratiquer le *dumping*, mettre en place des collaborations sur certains marchés…
Fournisseurs	Avoir une politique de prix d'achat transparente, être fidèle à la marque, travailler à la stabilité des volumes, collaborer pour co-innover…
État	Respecter la législation, collecter la TVA, payer les taxes et les cotisations…
Opinion publique	S'engager pour la protection de l'environnement, produire des bilans sociétal et environnemental, fixer un objectif carbone…

Les parties prenantes ont un impact positif ou négatif sur le développement de l'entreprise. Il est donc nécessaire de mettre en place une gestion adaptée.

Exemple Le manager de l'entreprise Otto, grâce à une cellule de veille visant à mieux satisfaire les clients et à répondre à leurs interrogations, bénéficie d'un bouche à oreille qui lui est favorable sur les réseaux sociaux. L'entreprise Ubu ne se préoccupe pas de sa e-réputation ; son image se dégrade rapidement.

Rôles du manager de l'entreprise

Pour répondre aux missions de l'entreprise et satisfaire toutes les parties prenantes, le manager doit savoir effectuer cinq tâches principales :

1 Planifier

Le manager doit tout d'abord sélectionner des activités à mener pour atteindre les objectifs que l'entreprise s'est fixés. La planification permet d'adapter les ressources de l'entreprise afin d'éviter des gaspillages et d'optimiser l'approvisionnement et les stocks.

2 Organiser

Il s'agit ensuite de s'assurer que les ressources de l'entreprise (humaines, financières, matérielles, matières premières...) sont en adéquation avec la réalisation des activités et la création de synergies.

3 Diriger

Le manager doit également prendre des décisions et les communiquer à ses collaborateurs.

4 Coordonner

Il est important de veiller à ce que les activités soient exécutées au bon moment et au bon endroit, sans affecter négativement d'autres fonctions de l'organisation. La coordination nécessite un management des flux d'information.

5 Contrôler

Il convient enfin de mesurer l'activité de l'entreprise et en particulier les performances basées sur les écarts par rapport aux objectifs que l'organisation s'est fixés.

Astuce

Pour ne pas être débordé par toutes les parties prenantes, le manager peut établir des priorités en fonction de l'importance que peut avoir l'une des parties prenantes à l'égard des profits de l'entreprise.

Fonctions essentielles

L'activité de l'entreprise se découpe en grandes fonctions et processus qui lui permettent de produire des biens ou des services.

Les fonctions essentielles de l'entreprise

- **La fonction commerciale**. Elle regroupe l'ensemble des actions destinées à prévoir, stimuler et accroître le niveau des ventes. Elle inclut l'étude du marché, l'adaptation des biens et des services, la fixation du prix de vente, la détermination des canaux de distribution, la définition et l'exécution de la démarche publicitaire et de promotion, ainsi que la mise en œuvre du service après-vente.
- **La fonction logistique**. La logistique est la **technique de gestion des flux de matières et de produits depuis leurs sources d'approvisionnement jusqu'à leurs points de consommation**. On parle de chaîne logistique. On distingue la logistique amont de la phase de production et la logistique aval. La première concerne l'approvisionnement, la politique d'achat et le stockage. La seconde intervient dès la vente du produit et lors des opérations d'après-vente.
- **La fonction de production**. Elle représente l'activité centrale de l'entreprise. Sans elle, il n'existe aucune création de valeur ni raison d'être. La production est variée et peut se classifier en produits ou services, ou selon la taille des lots produits (produit unitaire, petite ou grande série).
- **La fonction investissement et financement**. Pour être en mesure de produire, l'entreprise doit **acquérir, renouveler et accumuler du capital** (ex. : machines...). Il s'agit de l'activité d'investissement. Chaque investissement est décidé en fonction de la rentabilité escomptée. L'activité de financement correspond à l'**acquisition de ressources financières et leur remboursement**. Le responsable financier a pour objectif de négocier avec les banques et autres apporteurs de financement, afin d'obtenir un coût le plus bas possible.
- **La fonction gestion des ressources humaines**. Cette activité vise à déterminer les besoins en personnel, recruter les employés, assurer leur intégration et le développement de leurs connaissances et compétences par la formation, définir les rémunérations, s'assurer des bonnes conditions de travail, gérer les conflits et garantir le respect des lois et des normes (sécurité et hygiène).

Exemple

Otto et Ubu sont responsables financiers. Otto compare les possibilités de financement sur la base des taux d'intérêt et des délais de remboursement. Ubu travaille à la possibilité d'investir dans une nouvelle unité de production, selon le risque et les taux de rentabilité attendus.

ATTENTION! Chacune de ces fonctions nécessite des connaissances techniques spécifiques. Dans les plus petites organisations, le manager peut être amené à endosser toutes les fonctions. Même s'il en est capable, il ne doit pas hésiter à faire appel à des experts pour les questions techniques relatives aux différentes fonctions.

Faire dialoguer les fonctions

Le manager doit connaître l'environnement économique général (macroéconomique), tenir compte des relations avec les parties prenantes et veiller à la bonne exécution des fonctions essentielles. Pour cela, il établit une **stratégie** et adapte la structure de l'entreprise en fonction de la culture d'entreprise. Il **recherche la croissance en optimisant l'existant et en créant un environnement favorable aux innovations**.

Le management : une activité intégratrice

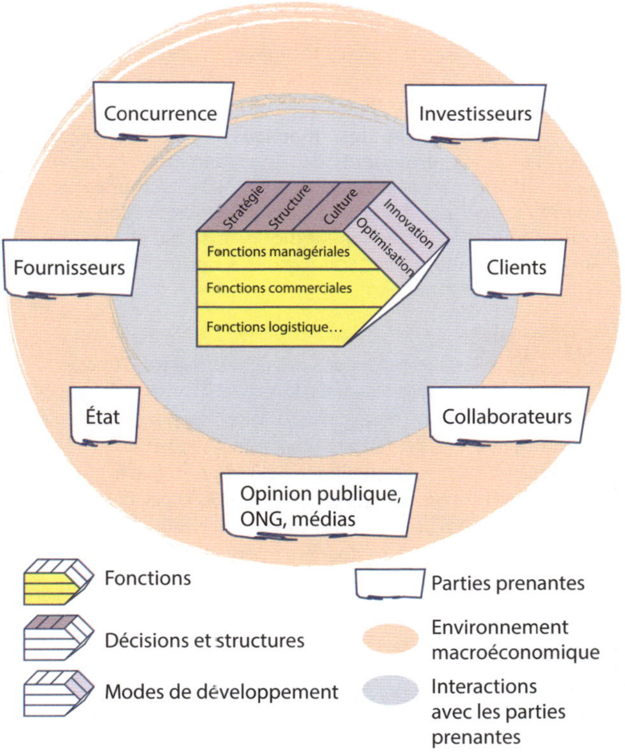

Fiche 4 Manager les forces et faiblesses, les opportunités et menaces

Le **management stratégique** nécessite d'évaluer les forces et les faiblesses de l'entreprise, afin de se préparer à faire face aux menaces et de parvenir à saisir les opportunités. De cette analyse, le manager peut faire émerger des **options stratégiques**.

Analyse SWOT

L'analyse SWOT de l'entreprise est **la combinaison d'un audit des forces (*Strengths*) et des faiblesses (*Weaknesses*) internes, et d'un audit des opportunités (*Opportunities*) qu'elle peut saisir et des menaces (*Threats*) que génère l'environnement externe**.

Cette analyse doit révéler **les forces et les faiblesses** de l'entreprise qui ne sont pas forcément apparentes. Chaque organisation a des points forts (création de nouveaux produits, savoir-faire, image de marque, flexibilité), mais aussi des points faibles (internationalisation insuffisante, variation du coût de production, *turnover* élevé, manque de motivation du personnel, etc.).

Les opportunités et les menaces sont des **facteurs externes** : elles émergent de la dynamique concurrentielle sur les marchés. Elles résultent de facteurs macro-environnementaux, tels que la démographie, l'économie, la technologie, la politique, le juridique, le social et le culturel, ainsi que les dynamiques spécifiques à l'industrie d'appartenance de l'entreprise.

Exemple

Ubu entreprend une analyse SWOT. Pour cela, il propose à une partie de son équipe de lister les forces et les faiblesses de l'entreprise, et à une autre partie de l'équipe de faire la même chose pour une entreprise concurrente. Cela permet d'établir un comparatif et d'en déduire les opportunités et les menaces. Ubu pose de nombreuses questions pour identifier les forces et les faiblesses : dans quels domaines l'entreprise est-elle vraiment performante ? Profite-t-elle d'une expérience en force de vente, d'un accès facile aux matières premières ? Les clients achètent-ils les produits (en partie) pour la marque ou la réputation de l'entreprise ?

Astuce

Les collaborateurs inscrivent parfois dans la matrice SWOT des forces un peu trop optimistes ou au contraire des faiblesses un peu trop pessimistes concernant l'entreprise. Pour établir un SWOT aussi objectif que possible, il convient d'interroger plusieurs représentants de toutes les fonctions de l'entreprise et de ne retenir que l'opinion médiane des collaborateurs plutôt que les opinions extrêmes.

Stratégies possibles

Plusieurs **types de stratégies** sont possibles. Le manager peut apparier forces et faiblesses avec les opportunités et menaces de plusieurs manières. Les plus évidentes consistent à utiliser les forces pour exploiter des opportunités et à travailler sur les faiblesses pour réduire l'exposition aux menaces. Toutefois, il est possible d'étudier les opportunités pour améliorer les points faibles ou de se servir des forces pour adopter une tactique défensive contre des menaces.

Astuce

Pour surmonter les difficultés de matérialisation stratégiques, il est recommandé de faire des projections sur l'évolution des quatre éléments de la matrice SWOT à six mois, un an et deux ans. Cela facilite grandement la discussion stratégique.

Matrice SWOT et stratégies

		Facteurs internes	
		Forces	**Faiblesses**
Facteurs externes	**Opportunités**	Créer des options stratégiques basées sur les forces afin d'exploiter les opportunités	Créer des options stratégiques afin d'exploiter les opportunités en gommant les faiblesses
	Menaces	Créer des options stratégiques basées sur les forces afin d'éviter les menaces	Créer des options stratégiques qui minimisent les faiblesses afin d'éviter les menaces

ATTENTION ! Une analyse SWOT constitue une autoévaluation. Mais les éléments du SWOT sont d'une simplicité trompeuse. Déterminer les forces et les faiblesses d'une organisation est beaucoup plus complexe qu'il n'y paraît, de même qu'évaluer la probabilité et l'impact des opportunités et des menaces. De plus, au-delà de la classification des éléments du SWOT, le modèle offre peu d'aide pour déterminer les options alternatives stratégiques.

Fiche 5

Manager la croissance de l'entreprise

L'entreprise peut croître de différentes façons, dont chacune présente des avantages et des inconvénients (vitesse, besoins en capitaux, etc.). Les phases de croissance créent des crises que le management doit surmonter pour que l'entreprise puisse entrer dans un nouveau cycle de croissance.

Différents types de croissance

Pour une entreprise, la croissance correspond à une **augmentation quantitative et durable de sa taille, mesurée par son chiffre d'affaires et/ou son effectif**. Les entreprises en tirent des avantages comme la réalisation d'économies d'échelle, l'obtention d'une position dominante ou d'une masse critique pour négocier avec les parties prenantes comme les fournisseurs.

La croissance d'une entreprise peut être **interne** ou **externe** :

- La croissance **interne** (ou croissance organique) découle d'une **augmentation des capacités de production ou des capacités commerciales** visant une diversification des produits (par l'innovation) ou des zones géographiques couvertes.
- La croissance **externe** résulte de la **fusion d'entreprises**. Cette modalité de croissance est plus rapide, réduit la concurrence, permet d'accéder à de nouvelles compétences, mais elle crée des difficultés organisationnelles.

ATTENTION ! Chaque type de croissance comporte des inconvénients. La croissance interne est plus lente et requiert des apprentissages sur les nouveaux produits et marchés. La croissance externe nécessite d'intégrer rapidement les effectifs de l'autre entreprise. Les nouveaux managers et actionnaires ont parfois une culture et des objectifs différents.

Exemple Ubu est jugé sur le seul critère de l'augmentation du chiffre d'affaires. Aussi s'est-il lancé dans des opérations d'acquisition de concurrents. Le chiffre d'affaires a bondi, mais l'entreprise a vu sa rentabilité se dégrader et elle s'est fortement endettée. Otto remarque que la croissance est souhaitable, mais qu'elle doit cependant être maîtrisée.

Phases de croissance et crises du management

Les entreprises connaissent des phases de croissance, de stagnation et de déclin, qui peuvent toutes être ponctuées de crises. Les solutions applicables à d'anciens problèmes ne le sont que rarement lors d'une nouvelle crise.

Ces crises dépendent de plusieurs facteurs :

- **L'âge de l'organisation**. Les principes et les problèmes de gestion s'enracinent et évoluent au cours de la vie d'une organisation. L'attitude et le comportement du personnel ont tendance à devenir plus rigides avec le temps.
- **La taille de l'organisation**. À mesure que les organisations se développent, les niveaux de hiérarchie augmentent et la coordination devient complexe.
- **Le taux de croissance de l'industrie**. Il influence la rapidité avec laquelle une entreprise traverse les différentes phases d'évolution.

ATTENTION ! Les entreprises à croissance rapide se distinguent par un besoin de financement élevé, des capitaux très limités et un autofinancement faible empêchant le recours au financement interne. Comme elles ne disposent pas non plus d'actifs, elles ne peuvent pas prétendre au financement par l'emprunt auprès des banques. Aussi, les *business angels* et autres apporteurs de capitaux propres sont leurs seules options.

Le modèle de croissance de Greiner

Chaque phase se termine par une crise qui doit être résolue par le management.

L'organisation est petite et jeune				L'organisation est grande et mature
Phase 1 : créativité	**Phase 2 : direction**	**Phase 3 : délégation**	**Phase 4 : coordination**	**Phase 5 : collaboration**
Crise de leadership	Crise d'autonomie	Crise de contrôle	Crise de coordination	Crise de culture

Exemple

Ubu manage une jeune start-up. Au fur et à mesure que les ventes augmentent et que l'entreprise se diversifie, il doit recruter. Après des débuts entrepreneuriaux réussis avec une forte créativité, il affronte maintenant une crise de leadership. Avant de passer à une nouvelle phase de croissance, il doit mettre en place un système de management avec une direction claire.

Otto manage une grande entreprise familiale, qui s'est énormément développée. Il n'est plus en mesure de contrôler les activités de tous les employés comme il le faisait avant. Il doit apprendre à déléguer et mettre en place des systèmes de contrôle (comptes rendus, indicateurs de performance, etc.), afin de garantir l'intégrité de l'entreprise.

Fiche 6 Management et systèmes d'information

Le **management de l'information** (MI) a pour but de faire pleinement bénéficier les entreprises du potentiel de croissance et des facilités liées aux **technologies de l'information et de la communication** (TIC), qui regroupent l'ensemble des outils, logiciels et infrastructures.

Les notions fondamentales du management de l'information

Le MI structure **l'acquisition, le traitement et la diffusion de l'information au sein des organisations**. Il englobe les aspects techniques de la gestion des systèmes (ordinateurs, réseaux, stockage...), ainsi que les aspects organisationnels (acceptation et utilisation des TIC par les collaborateurs).

Un **système d'information** (SI) représente l'ensemble des activités liées aux informations menées au sein d'une organisation. Par système, on sous-entend que ces activités sont hiérarchisées et que la communication et l'échange d'informations au sein de l'organisation suivent des règles.

Le MI est utilisé dans toutes les fonctions de l'entreprise (comptabilité, relation client, logistique...). L'évolution des systèmes d'information implique un **management du changement**, afin de faciliter la mise en place et l'utilisation des nouveaux outils par les collaborateurs. La technologie change l'organisation car les processus ne sont plus les mêmes : on parle de *business process reengineering* (réingénierie des processus d'affaires).

ATTENTION ! Le déploiement d'un nouveau système informatique nécessite de bloquer les activités pendant quelque temps ; mieux vaut donc l'envisager la nuit ou le week-end. Les collaborateurs doivent être prévenus régulièrement des activités de maintenance informatique.

L'architecture du système d'information décrit les infrastructures matérielles et organisationnelles que l'entreprise détient et utilise actuellement. Elle doit régulièrement évoluer car le matériel et les logiciels s'usent et deviennent obsolètes, ou ne permettent plus de communiquer avec les parties prenantes. Pour cela, l'entreprise doit se doter d'un **plan de développement** qui spécifie comment l'entreprise passe de son architecture actuelle à une nouvelle version. On parle également de **plan de migration** (notamment pour les logiciels).

Exemple d'éléments d'une infrastructure TIC

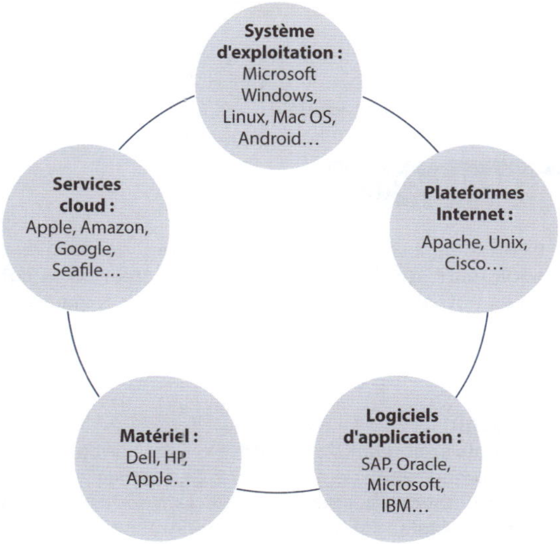

Exemple Otto, expert SI, commence toujours par faire un état des lieux du matériel et des logiciels que possède une entreprise, de leur taux d'utilisation et des principaux logiciels employés par les fournisseurs et clients. Cela lui permet de formuler un plan de migration vers des logiciels plus utiles, qui facilitent la communication avec les parties prenantes.

La charte des systèmes d'information

La charte définit le contenu des SI et les comportements attendus des usagers. Ses principaux éléments sont :

- objectif du système d'information ;
- domaine d'application et directive d'application ;
- règle d'accès et de diffusion de l'information ;
- règle d'utilisation et comportement attendu des utilisateurs ;
- normes en termes de logiciels et d'infrastructures à respecter.

La charte est rédigée par une équipe mixte d'informaticiens et d'utilisateurs. Sa durée de vie moyenne est de trois à cinq ans ; ensuite, il faut la réviser, car la technologie évolue vite.

Astuce

Une nouvelle charte est le moment idéal pour rappeler les règles de sécurisation des données et demander aux collaborateurs de rester vigilants, par exemple contre la perte ou le piratage.

Fiche 7 Manager avec des objectifs

Un manager est tenu de spécifier les objectifs que ses collaborateurs doivent poursuivre. Ces objectifs permettent de guider l'approche managériale.

Buts et objectifs

La fixation de buts et d'objectifs permet de **motiver** les collaborateurs, de donner du **sens** et de créer de la **cohésion**. Les buts et les objectifs dépendent du niveau hiérarchique, tout comme du secteur d'activité. En management, buts et objectifs ne sont pas synonymes.

À retenir

- Les **buts** sont relatifs à une position spécifique que l'organisation veut atteindre. Ce sont les représentations qui poussent à l'action, les **aspirations fondamentales** sur un horizon temporel plus ou moins défini (court terme, long terme). Un but n'est jamais atteint définitivement, mais toujours à poursuivre.
- Les **objectifs** correspondent à des **résultats précis et mesurables que l'entreprise veut atteindre** à une date donnée. Les objectifs s'expriment de manière quantitative ou qualitative.

Exemple L'entreprise Ubu s'est fixé comme but d'être leader sur son marché et de réaliser une production avec zéro défaut. Or, on n'est jamais leader une fois pour toutes. De même, la production zéro défaut doit être effectuée en continu. Ce sont des buts, car la réalisation n'est jamais définitive. L'entreprise Otto a comme objectif de diminuer les coûts de production de 5 %. La mesure employée est celle du coût complet de production. L'objectif doit être atteint dans les six mois.

Astuce

Pour que les objectifs suscitent l'intérêt des collaborateurs, ils doivent être SMART :

- ***S**pécifiques : spécifiez un seul objectif de préférence, sinon il faut définir un ordre de priorité.*
- ***M**esurables : définissez un indicateur de performance fiable.*
- ***A**tteignables : fixez des objectifs réalistes.*
- ***R**écompensés : spécifiez la rémunération, les récompenses (primes) associées à l'atteinte des objectifs.*
- ***T**emporels : précisez le cadre temporel pour réaliser les objectifs.*

Afin d'expliquer les objectifs et de mettre en œuvre des solutions, on utilise la **méthode QQOQCCP** pour ne pas oublier d'éléments essentiels :

La méthode QQOQCCP

	Description
Quoi ?	Quel est l'objectif ? Quel est le problème ?
Qui ?	Qui est concerné ? Qui doit être impliqué ? Quelles sont les parties prenantes ?
Où ?	Quel lieu (géographique) ou fonction, ou atelier, de l'entreprise est concerné ?
Quand ?	À quel moment cela doit-il avoir lieu ? À quelle fréquence ? Pendant quelle durée ?
Comment ?	Comment l'objectif doit-il être atteint ? Par quels moyens ou méthode ?
Combien ?	Quels moyens financiers faut-il mettre en œuvre ? Quelles sont les pertes acceptables ?
Pourquoi ?	Quelles sont les raisons qui nous poussent à agir ainsi ? Comment cela contribue-t-il à la stratégie de l'entreprise ?

Management par objectifs

Le management par objectifs (MPO) est une technique de management qui sous-entend que **les managers et les collaborateurs élaborent ensemble les objectifs à atteindre et fixent la temporalité**. Le choix des ressources et de la méthode pour atteindre ces objectifs est du ressort exclusif de l'exécutant.

Exemple L'employé d'une biscuiterie, Ubu, fait remarquer que la négociation préalable doit également spécifier les implications en termes de rémunération si les objectifs sont atteints ou dépassés.

Cette méthode de management peut être déclinée à tous les échelons de la hiérarchie. Elle repose sur deux idées : la division du travail et la délégation des pouvoirs de décision au personnel en charge de l'exécution. C'est une manière de motiver les employés.

ATTENTION ! La formulation d'objectifs opérationnels pour tous les échelons hiérarchiques est problématique, car toutes les activités ne sont pas mesurables aisément. Enfin, le processus de négociation plurilatéral de planification et de fixation des objectifs est très long.

Fiche 8 Manager des projets

Le management de projet intègre **l'ensemble des activités de l'organisation, des techniques et des outils de pilotage nécessaires à la réalisation de projets**. Il est utilisé dans toutes les fonctions: développement de produits et innovations, marketing... Il existe plusieurs types de projet qui se managent différemment. Chaque projet doit suivre un phasage précis.

Types de projet

Un projet est assorti d'objectifs (quoi), de dates de début et de fin (quand), de ressources financières, matérielles et humaines (avec quoi). Il tire sa particularité de son unicité, de sa nouveauté, de sa complexité organisationnelle, de la collaboration interdisciplinaire qu'il suscite et du périmètre qui le délimite du reste de l'organisation.

Les projets sont classifiés en fonction de plusieurs critères:

- **Le contenu**: selon la fonction de l'entreprise concernée (ex.: projet marketing, projet logistique...).
- **Le secteur concerné**: qu'il soit précis (ex.: automobile, camion, moto), comme souvent dans les grandes entreprises, ou au contraire transversal.
- **Le mode de financement**: interne à l'entreprise, à moins que plusieurs entreprises y participent (c'est le cas des projets d'innovation ouverte).
- **Externe ou interne**: externe s'il existe pour répondre à la demande spécifique d'un client; interne s'il s'agit, par exemple, d'un projet de réorganisation ou de mise en place d'un nouvel outil.

Il est possible de combiner ces critères. En fonction de la classification du projet, des techniques de management différentes sont à employer. Par exemple, un projet externe nécessite la mise en place d'une relation client qui est superflue dans le cas d'un projet interne.

Phases de projet

L'une des clés de réussite du management de projet réside dans le découpage du projet en phases successives, chacune avec ses objectifs, ses temporalités et ses ressources. À la fin de chaque phase, la **comparaison entre les résultats et les prévisions** permet au manager de décider s'il faut continuer, arrêter ou modifier le projet.

Exemple L'entreprise Otto développe un nouveau réfrigérateur. Le processus est découpé en une centaine de phases avec des objectifs clairs. L'employé Ubu remarque que l'équipe en charge d'évaluer les performances à la fin des grandes phases est constituée de membres d'un ancien projet similaire qui avait échoué, ce qui lui pose un problème.

Le fait que chaque phase soit soumise à une **évaluation** (réalisée par une équipe neutre, en fonction de critères clairement définis), qui débouche dans un second temps sur une décision, crée de la transparence.

Au minimum, quatre phases sont à planifier, mais certains grands projets en comportent bien davantage.

Les phases d'un projet

Phases du projet	Définition	Planification	Exécution	Clôture
Tâches principales	Définir les objectifs du projet (résultats, délais, coûts)	Établir les spécifications, les calendriers, les ressources octroyées	Règles de pilotage, contrôles, mesures correctives	Retour d'expérience
Sous-phases	Étude de faisabilité	Planification sommaire, puis planification détaillée	En fonction du projet	Évaluation du projet, réaffectation du personnel à d'autres projets
Documentation	Proposition de projet	Acceptation du projet, feuille de route	Rapport de résultats	Rapport de clôture
Part des coûts (%)*	< 1	< 10	> 80	< 5
Durée	En fonction du projet			

* Valeurs régulièrement observées en management de projet.

ATTENTION! Les projets connaissent parfois des levées de boucliers liées à une culture d'entreprise rétive au changement. Il ne faut jamais annoncer un projet aux équipes sans être certain de pouvoir répondre aux questions suivantes : quel est l'objectif du projet ? Qu'espère-t-on réaliser grâce à lui ? Quels moyens (outils, personnes) y sont dédiés ? Quelles sont les spécifications du projet et comment le succès ou l'échec peut-il être mesuré ? Quelle est la temporalité ? Quel est le budget ? Comment le projet sera-t-il organisé ?

Fiche 9 Manager les risques

Le risque, pour une entreprise, se définit par le fait de **voir son résultat s'écarter des attentes d'une manière défavorable par rapport aux objectifs**, car elle a ignoré ou mal interprété des facteurs perturbateurs.

Processus de management des risques

Le **management des risques** comprend **l'ensemble des activités, des processus, des structures et des instruments qui permettent à l'entreprise de maîtriser ses risques**.

Les quatre temps du processus de management des risques

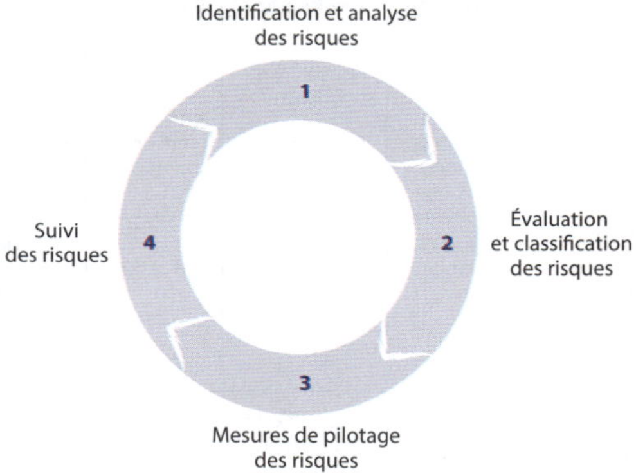

Identification des risques

Chaque grande catégorie de risques est liée à une fonction spécifique au sein de l'entreprise. Chacune comporte un ensemble de risques détaillés qui sont en grande partie spécifiques au secteur d'activité de l'entreprise :

- **Risques de marchés** : l'ensemble des risques liés aux débouchés et aux approvisionnements de l'entreprise.
- **Risques de management** : l'ensemble des risques liés à la défaillance du management (erreurs dans l'organisation, la coordination, le contrôle, ou comportements fautifs).
- **Risques stratégiques** : l'ensemble des risques liés aux décisions de choix de produit, de développement ou de comportement concurrentiel.
- **Risques opérationnels** : l'ensemble des risques liés à l'inefficience des processus de production ou au non-respect des règles de sécurité et d'hygiène.
- **Risques financiers** : l'ensemble des risques liés, par exemple, aux écarts de trésorerie, de rentabilité ou aux investissements sur des marchés financiers.

- **Risques liés aux technologies** : l'ensemble des risques liés à la mauvaise utilisation des systèmes ou à leur piratage.
- **Risques juridiques, environnementaux...** : l'ensemble des risques liés au non-respect des lois, règles et normes.

ATTENTION ! Il existe un « risque d'assurance » lorsque l'entreprise n'a pas contracté d'assurance ou n'a pas surveillé la tarification. Il faut faire un état des lieux régulier des assurances liées à l'activité de l'entreprise.

Évaluation et classification des risques

Le manager doit estimer **la probabilité de réalisation** et **l'impact potentiel** en cas de survenue du risque. Cette pratique permet d'identifier les **risques prioritaires** (impact le plus fort/probabilité élevée). Ce sont les risques qui méritent le plus d'attention et auxquels l'entreprise doit assigner le plus de ressources pour les maîtriser.

Exemple L'entreprise Ubu, spécialisée dans l'import-export de clubs de golf, est exposée à un risque de taux de change très important lorsque des clients étrangers achètent ses produits. Pour le réduire, elle décide d'ouvrir une succursale dans un pays étranger.

Pilotage et suivi des risques

Quatre possibilités s'offrent au manager pour piloter les risques :

- **Accepter le risque** : rien n'est mis en place ; l'entreprise assume le risque et toutes ses conséquences (financières, humaines, réputation...).
- **Éviter le risque** : l'entreprise abandonne le projet pour échapper au risque.
- **Diminuer l'exposition au risque** : l'entreprise met en place des mesures pour réduire la probabilité d'apparition ou la gravité du risque (formation, investissement supplémentaire...).
- **Céder le risque** : l'entreprise confie la mission à un sous-traitant ou contracte une assurance.

Le management des risques doit s'exercer en continu ; c'est pourquoi les entreprises mettent en place un suivi régulier (réévaluation, tests, formation du personnel).

À retenir

L'existence de risques ne justifie pas que le manager renonce à les prendre. Les risques sont aussi synonymes d'opportunités. Pour les maîtriser, il faut en premier lieu les identifier.

Fiche 10 Manager la qualité

La qualité est entourée d'un langage spécifique et concerne de nombreuses dimensions de l'entreprise.

Le langage de la qualité

Le **management de la qualité** désigne **les méthodes pour livrer un produit en minimisant le gaspillage et en maximisant la valeur créée**. Historiquement, le management de la qualité avait une dimension uniquement opérationnelle (réduction des produits manufacturés rebutés), afin de diminuer les coûts (et le prix de vente). Aujourd'hui s'ajoute une dimension stratégique qui englobe toute l'entreprise et les différentes parties prenantes. Les entreprises sont en concurrence par la qualité et non plus uniquement par les prix.

Le **management de la qualité totale** (*total quality management*, TQM) est une méthode qui vise à **introduire des progrès** en accordant une place particulière aux besoins et aux souhaits des parties prenantes. Il s'intéresse à la relation clients-fournisseurs et à l'amélioration continue (réduction du gaspillage et des erreurs, donc du coût), ainsi qu'à la recherche de moyens pour ajouter de la valeur.

Les fournisseurs sont parfois tenus par les entreprises clientes d'obtenir des **certifications** selon des **normes** (ex.: ISO 14000), qui attestent la mise en œuvre d'une démarche qualité. Une démarche d'**assurance qualité** correspond à la **formation régulière des personnels pour garantir le respect des bonnes pratiques**. Elle évite ainsi une dégradation de ce qui a été mis en place.

Astuce

Pour distinguer les notions, utilisez cette analogie :
- *apprendre à conduire une automobile → assurance qualité ;*
- *passer son permis de conduire → certification ;*
- *conduire de mieux en mieux en toutes situations → qualité totale ;*
- *radars, compteur kilométrique, contrôle technique, révisions → outils de contrôle qualité.*

ATTENTION ! L'estimation des clients faite à l'égard d'un produit (qualité perçue) doit être supérieure à leurs attentes (qualité attendue) pour dégager une forte satisfaction. Au sein de l'entreprise, il existe un différentiel entre la qualité visée et la qualité obtenue. Un manager doit tenir compte de toutes ces expressions de la qualité.

Les dimensions du management de la qualité

Chaque fonction de l'entreprise doit participer à la démarche qualité. Tous les processus doivent être **formalisés à l'écrit** pour détailler ce que l'on fait déjà et ce qui doit être fait. Cela permet de repérer les dysfonctionnements et de les corriger. Plusieurs itérations sont souvent nécessaires pour déceler les problèmes et les résoudre progressivement.

Au minimum, cinq étapes sont à respecter :

- définition des objectifs qualité ;
- affectation des responsabilités et des objectifs qualité à chaque collaborateur ;
- mise en place d'un plan de formation ;
- mesure des résultats ;
- engagement d'un nouveau cycle avec de nouveaux objectifs.

Exemple Ubu met en place un management de la qualité dans son entreprise de fabrication de vélo. Otto suggère qu'un *benchmarking*, c'est-à-dire s'inspirer des bonnes pratiques des autres entreprises, leur ferait gagner du temps et permettrait de créer une philosophie de la qualité pour susciter l'adhésion.

Il est primordial de choisir une bonne mesure quantitative pour évaluer la qualité (ex. : taux de rebut sur une étape précise de la chaîne de production). La définition de cette mesure doit être stable dans le temps. En parallèle, le manager qualité devra choisir entre plusieurs techniques et modèles de management de la qualité en fonction des spécificités de l'entreprise (Kaizen, Six Sigma, juste-à-temps, EQFM...). Enfin, il faut un engagement fort de tout le personnel, à commencer par les équipes managériales, qui doivent donner l'exemple.

Astuce

La technique japonaise Kaizen signifie « petites améliorations continues ». Il est préférable de commencer par produire un peu moins de déchets, de réduire les éléments non nécessaires de manière régulière, plutôt que de viser le zéro défaut d'emblée (zéro déchet, zéro délai, zéro panne…) et risquer d'essuyer un échec.

Fiche 11 Manager la création de valeur

Le rôle d'une entreprise est de créer de la valeur pour les différentes parties prenantes, dont les clients, les collaborateurs et les propriétaires. On distingue la création de valeur au sens **économique** de l'approche **comptable**. Pour identifier les **gisements de valeur** au sein de l'entreprise, les activités sont décomposées sous la forme d'une **chaîne de valeur**.

Création de valeur économique

La **valeur économique** est créée lorsqu'un producteur combine des inputs comme du travail, du capital, des matières premières et des produits intermédiaires pour fabriquer un produit.

C'est aussi **la différence entre le bénéfice perçu par le client** (la valeur qu'il accorde au produit) **et le coût subi par le producteur**. La part qui revient au client est la différence entre le bénéfice perçu et le prix qu'il paie. Celle qui revient au producteur est la différence entre le prix payé par le client et le coût total pour fournir le bien ou le service.

Création de valeur comptable

Sur le plan comptable, la valeur ajoutée est calculée en plusieurs étapes :

- **La production de l'exercice** est la mesure la plus simple de l'activité : c'est **la somme de la production vendue à laquelle s'ajoutent la production stockée et la production immobilisée**.
- **La valeur ajoutée** exprime la création de valeur réalisée par l'entreprise. Elle correspond à **la production moins les coûts des matières premières et autres approvisionnements**.

Exemple Ubu a acheté des produits finis pour 500 €, qu'il a revendus en l'état pour 600 €. Il a parallèlement vendu une production de 300 €, réalisée à partir de 200 € de matières premières. Il a stocké une autre partie de cette production, d'une valeur de 100 €. Ubu peut donc compter sur la valeur ajoutée suivante : 600 + 300 + 100 – 500 – 200 = 300 €.

Chaîne de valeur

La valeur est créée par les activités réalisées par l'entreprise ; elles forment une **chaîne de valeur**. Chaque activité de cette chaîne peut augmenter le bénéfice que le client retire du produit de l'entreprise, mais aussi le coût global de production. Le bénéfice et le coût de chaque activité sont influencés par des mécanismes différents que le manager doit identifier.

La chaîne de valeur

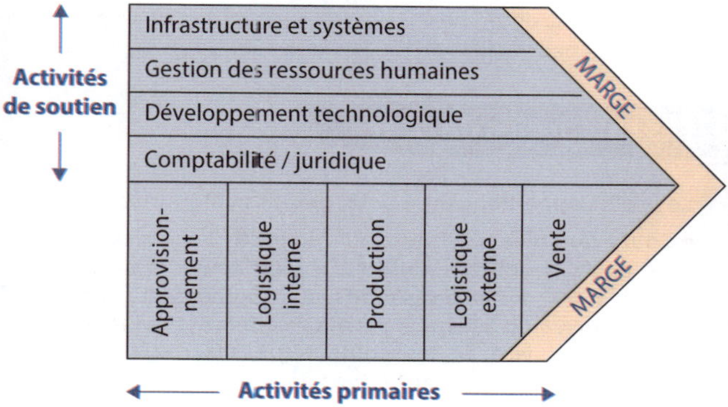

Les **activités primaires** sont celles qui **participent directement à la production** du bien ou du service. Elles sont séquentielles et se lisent de gauche à droite:

- L'**acquisition/approvisionnement** correspond à l'obtention des produits (matières premières, semi-finis) nécessaires à la production.
- La **logistique interne** correspond aux activités de gestion de ces éléments (stockage, etc.) et à la réactivité à la commande.
- La partie centrale représente l'acte de **production**.
- La **logistique externe** correspond à la manière dont les produits sont acheminés vers le client final ou vers un intermédiaire.
- La **vente** regroupe l'ensemble des activités de commercialisation/marketing, ainsi que les services après-vente.

Les activités de soutien **améliorent le résultat des activités primaires** en diminuant leur coût ou en augmentant leur efficacité.

Astuce

Il existe deux grandes manières pour une entreprise de créer plus de valeur que ses concurrents au sein de l'industrie. La première consiste à configurer la chaîne de valeur différemment des autres entreprises. La deuxième consiste à la configurer de la même manière que les entreprises concurrentes, mais à réaliser, au sein de cette chaîne, certaines activités d'une façon plus efficace que les autres (pour un coût inférieur, une meilleure qualité et/ou plus rapidement pour augmenter le bénéfice du client).

Fiche 12 Manager les coûts

Le manager est confronté à de nombreux coûts. Afin de piloter correctement les activités de l'entreprise, il doit distinguer les différents types de coûts et identifier ceux sur lesquels il peut agir.

Les catégories de coûts

Les coûts appartiennent à deux grandes catégories :

- **Coûts variables** : ils sont relatifs aux activités. On distingue les **coûts proportionnels** qui varient toujours au même rythme, les **coûts progressifs** qui augmentent plus vite que le niveau d'activité, les **coûts dégressifs** qui augmentent moins vite, et les **coûts régressifs** qui diminuent quand l'activité augmente – ces derniers sont plus rares.
- **Coûts fixes** : ils sont largement indépendants du niveau d'activité. On distingue les **coûts permanents** qui ne bougent jamais et les **coûts discontinus** qui progressent par paliers lors des grandes variations de l'activité.

Exemple La production de cadres de vélo dans l'usine Ubu génère une chaleur importante. Lorsque l'activité augmente, la consommation de matières premières augmente de manière proportionnelle. En revanche, le chauffage est dégressif : plus les machines fonctionnent en hiver, moins il en faut.

Déterminer le coût de revient d'un produit ou d'un service

Le **coût de revient** (ou **coût unitaire**) est obtenu en cascade : le manager détermine d'abord le coût d'achat, puis le coût de production, suivi du coût de distribution auxquels s'ajoutent des coûts administratifs. Chacun de ces coûts est composé de coûts directs et indirects :

- Les **coûts directs** sont directement liés au produit ou au service, établissant de fait une relation entre la fabrication et la consommation du bien.
- Les **coûts indirects** ne sont pas attribués au produit ni au service.

L'ensemble forme le coût de revient, c'est-à-dire **le prix en dessous duquel il n'est pas envisageable de vendre une unité de produit fabriqué sans générer de pertes**.

Exemple Ubu utilise du bois et du coton pour fabriquer des cotons-tiges. Les quantités de bois et de coton dépendent du nombre de cotons-tiges fabriqués ; ce sont des coûts directs. Otto occupe un poste administratif dans l'entreprise, son bureau est chauffé l'hiver ; c'est un coût indirect, sans lien avec la quantité de produits fabriqués (ce coût doit néanmoins être incorporé au prix de vente).

Le coût : un critère de décision

Une entreprise ne peut pas survivre si ses coûts sont supérieurs à ses revenus. Elle a besoin de connaître tous ses coûts pour fixer les prix.

De nombreux facteurs impactent les coûts. Ils se divisent en deux catégories : les **coûts externes** sur lesquels l'entreprise n'a pas d'influence (à prendre comme une information, ils sont déterminés par l'offre et la demande sur le marché ou découlent de spécifications techniques) et les **coûts liés aux décisions**.

Les déterminants du coût de production

Coûts externes		Coûts liés aux décisions			
Prix du marché	**Contraintes techniques**	**Quantité produite**	**Temporalité**	**Stocks**	**Capacité de production**
Matières premières, salaires, transport...	Type, prix et durée de vie des machines	Volume de production (par lot, total...)	Rythme de production (jour/nuit/ week-end)	Technique de gestion des stocks	Taille de l'entreprise et choix des équipements

Exemple Ubu a décidé d'investir dans une machine à grande capacité pour la fabrication de roulements. C'est un investissement important, mais son coût unitaire de production est faible. Otto a investi dans une machine plus petite, qui produit moins et génère un coût unitaire plus élevé, mais il écoule sa production plus facilement.

ATTENTION ! C'est une erreur de supprimer une activité sous prétexte qu'elle est trop coûteuse sans au préalable se demander si une partie de ses coûts ne vont pas être réaffectés à d'autres activités (qui deviendraient à leur tour déficitaires)

Fiche 13 Manager avec des tableaux de bord

Le manager utilise des **tableaux de bord** (TB). Ce sont des **documents de synthèse qui présentent de manière claire un ensemble d'indicateurs**. Il existe autant de TB possibles que d'activités (tableau de bord marketing, de production, de suivi de qualité, etc.).

Étapes de conception d'un TB

Le TB doit permettre au manager de prendre des décisions et de faciliter le processus d'amélioration continue. Il permet de **vérifier si les objectifs sont atteints**. Souvent, une représentation visuelle est choisie plutôt que des chiffres bruts. La consultation du TB doit être régulière.

> **Astuce**
>
> *Pour un artisan ou une très petite entreprise, il n'est pas nécessaire d'investir dans des logiciels coûteux. Un fichier de tableur (type Excel) est amplement suffisant pour collecter et présenter visuellement l'information.*

Pour établir un TB, le manager doit :

- définir les objectifs ;
- sélectionner un ou plusieurs indicateurs par objectif ;
- formaliser et représenter graphiquement les indicateurs.

Il doit ensuite mettre à jour le TB à date fixe.

ATTENTION ! Il est facile pour un manager d'obtenir une myriade d'indicateurs ; parfois, le plus est l'ennemi du mieux. Il faut choisir les indicateurs pertinents sur lesquels le manager peut agir.

Tableau de bord prospectif

Le **tableau de bord prospectif** (TBP, ou *balanced scorecard*) est très répandu. Il regroupe des indicateurs financiers et non financiers. C'est une approche équilibrée entre les objectifs à court et à long terme, les indicateurs monétaires et non monétaires, les objectifs et les réalisations, les performances pour différentes parties prenantes.

Le TBP décline la stratégie en objectifs et en indicateurs selon quatre axes :

- **L'axe financier** : indicateurs de rentabilité, d'évolution du chiffre d'affaires…
- **L'axe clients** : indicateurs de satisfaction, d'acquisition de nouveaux clients, de répartition géographique des clients…
- **L'axe processus interne** : indicateurs de processus (ex : service achat, service après-vente, facturation) en coûts et valeur (satisfaction) créée.

- **L'axe apprentissage et croissance** : il s'agit des indicateurs importants à long terme qui définissent les apprentissages, ainsi que les investissements nécessaires en infrastructures.

Le TBP permet de relier les objectifs et les indicateurs des différentes fonctions de l'entreprise.

Exemple L'entreprise Ubu, spécialisée en papier peint, lance un nouveau produit. Le TBP est modifié en profondeur : il intègre le chiffre d'affaires relatif à ce nouveau produit (axe financier), l'évolution du panier moyen et le nombre de nouveaux clients (axe clients), l'évolution du coût de production (axe processus interne), ainsi que le suivi du personnel qui a déjà été formé à produire et à commercialiser le nouveau produit (axe apprentissage).

Utilisation d'un tableau de bord

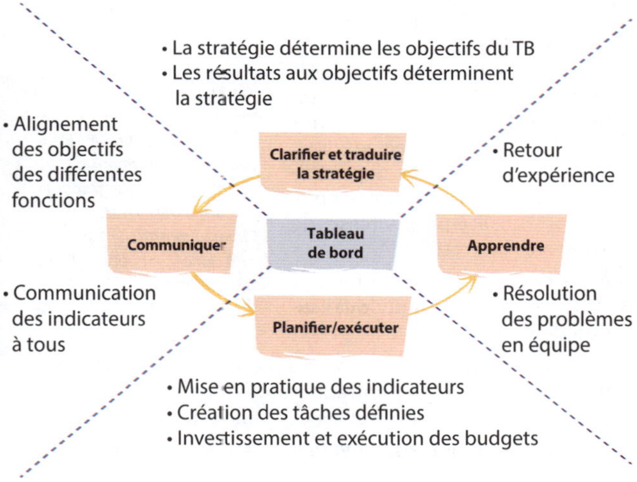

ATTENTION ! Chaque entreprise est différente ; aussi il ne faut pas copier des TB des concurrents, mais les personnaliser en fonction des activités et des processus (même si des indicateurs de base se retrouvent, comme l'évolution du chiffre d'affaires).

Astuce

Un tableau de bord nécessite un long moment pour être mis en place et un effort minimal pour être maintenu à jour. Souvent, les managers voient cela comme démotivant, or, la conception d'un tableau de bord, si elle est partagée par les membres de l'équipe, est un élément créateur de cohésion. Le manager ne doit pas uniquement se focaliser sur la finalité (le TB) mais aussi sur l'intérêt du cheminement pour l'obtenir.

Fiche 14 Manager la relation client

Le management de la relation client (MRC) vise à **fidéliser les clients grâce à un marketing personnalisé**. Outre mieux connaître les clients existants, il cherche à **en gagner de nouveaux, en définissant une offre plus adaptée**. Pour atteindre ses objectifs, le MRC a recours à des outils et à des pratiques managériales spécifiques.

Connaître ses clients

L'écoute du client est l'étude du comportement du client dans toutes les situations qui le mettent en relation avec l'entreprise : son comportement en magasin et sur les sites web, l'usage qu'il fait des produits et des services, ce qu'il dit sur les forums et les réseaux sociaux, comment il réagit aux publicités...

Ces observations sont complétées par des **enquêtes de satisfaction** pour l'ensemble des fonctions en lien avec le client (offre de produits et disponibilité, conseils, service après-vente, rapport qualité-prix, vitesse de livraison, horaires...).

À partir de ces informations, le MRC développe l'**individualisation de la relation**.

> **Astuce**
>
> *Si l'individualisation est trop coûteuse, les entreprises adaptent l'offre par grandes catégories de clients. L'individualisation n'est pratiquée que pour les clients très importants.*

La **segmentation client** consiste à **regrouper les clients identiques en catégories**. L'entreprise détermine ainsi le segment client le plus rentable, celui avec la plus forte croissance :

- **La segmentation par la valeur** classe les clients en fonction de la valeur de leurs achats.
- **La segmentation opérationnelle** classe les clients en fonction des canaux de distribution (magasin, Internet...).
- **La segmentation par les besoins** classe les clients en fonction de la nature des demandes (client particulier ou professionnel, par zone géographique, par âge...).

> **À retenir**
>
> Souvent, la règle des 20-80 est employée :
> 20 % des clients génèrent 80 % des revenus.
> Ce sont les clients à identifier en priorité.

Différencier la relation

Le développement de la **relation différenciée** se base sur un mix adapté au client entre le produit, des services complémentaires, un canal de distribution et des offres promotionnelles. Il s'accompagne de messages d'information personnalisés, en plus des newsletters génériques ou d'un service de fidélité.

Exemple Ubu est un grand buveur de café. Lorsqu'il achète des capsules de café, il bénéficie d'offres promotionnelles dans son entreprise préférée. En magasin, on lui propose de tester un nouveau café qui se distingue légèrement de ses achats passés. Parfois, il est contacté pour donner son avis sur de nouveaux arômes.

Pour suivre cette relation privilégiée, on utilise des indicateurs comme le taux de satisfaction, le panier moyen, le nombre de nouveaux clients convertis grâce à un client spécifique... La clé du succès reste souvent la perception du client quant aux efforts consentis spécifiquement pour lui.

ATTENTION! Le MRC permet aussi de détecter des situations où le client est mécontent. L'entreprise doit alors rapidement intervenir.

Pour attirer de nouveaux clients et conserver les anciens, il existe des outils informatiques qui permettent de faciliter le traitement de l'information ou de réaliser des **listes de diffusion**.

L'entreprise peut aussi formaliser son engagement envers les clients par le biais d'une **charte**. Elle les rassure et les séduit tout en constituant un outil de communication interne motivant pour les employés.

À retenir
Plus la relation client-entreprise est longue, plus le client devient un prescripteur de la marque.

Exemple Ubu, responsable d'une boutique de prêt-à-porter, organise des ventes privées : il privatise son magasin pour ses clients les plus fidèles.

Fiche 15 Manager une équipe

Le but du management est d'organiser les activités collectives. L'équipe est une unité essentielle dans les organisations. Le manager rencontre différentes situations : des équipes avec une **cohésion forte ou à remobiliser**, **déjà constituées ou à constituer**.

Différents degrés de cohésion d'équipe

Pour travailler en équipe, une confiance mutuelle est nécessaire. Afin de favoriser l'engagement des membres de l'équipe, le manager crée une **chaîne d'engagements**, où chacun a conscience de l'aide qu'il apporte à l'autre.

Degré de cohésion dans l'équipe	Comment améliorer la situation ?
Niveau 0 Chacun pour soi : absence d'intérêt partagé.	Le manager développe le respect du travail des autres et un engagement mutuel.
Niveau 1 L'équipe termine la mission, mais la performance globale est faible.	Le manager propose une autre répartition des tâches pour rendre l'activité plus fluide.
Niveau 2 Bonne performance globale, mais des difficultés spécifiques persistent.	Le manager doit faire du cas par cas pour améliorer certaines méthodes de travail.
Niveau 3 Efficacité collective : l'équipe obtient de bonnes performances.	Le manager s'attache à consolider l'équipe et à la rendre plus proactive.

Équipe déjà constituée

Lorsque l'équipe est déjà constituée et que le manager est nouveau, il doit asseoir sa **crédibilité**. Dans certains cas, il doit **remobiliser** une équipe à la déroute – c'est peut-être la raison pour laquelle il a été nommé.

Si l'équipe manque de performance, le manager doit d'abord **se forger une opinion** pour ne pas répéter les erreurs de ses prédécesseurs. Il choisira ensuite de modifier le fonctionnement de l'équipe petit à petit ou par un grand changement. Les deux approches ont leur légitimité, mais uniquement lorsque le manager a saisi la dynamique de l'équipe et qu'il a une compréhension fine des missions et des contributions réelles de chacun.

Astuce

Des événements ponctuels permettent de créer un sentiment d'appartenance à une équipe (déjeuner d'équipe, pot de départ, tournoi sportif…). Ces moments de cohésion sont importants, mais attention à respecter les frontières entre vie professionnelle et vie privée.

Équipe à constituer

Si le manager est libre de choisir son équipe, deux solutions s'offrent à lui :

- réunir uniquement des spécialistes du sujet, s'il s'agit de missions très opérationnelles ;
- réunir une équipe variée lorsqu'il faut faire face à des situations nouvelles ou qui nécessitent de la créativité.

Mobiliser l'équipe autour d'objectifs

La **réunion régulière** (hebdomadaire, par exemple) est une pratique courante. Elle permet à la fois de fixer les objectifs de l'équipe et de dresser le bilan des activités réalisées.

Mise en place des objectifs

Le manager énonce les objectifs globaux pour l'équipe (pourquoi cette activité, action ou mission) et décrit comment chaque collaborateur y contribue. La répartition des activités et des responsabilités doit être équitable entre membres de l'équipe de même statut.

Bilan des activités réalisées

Bons ou décevants, les résultats doivent être annoncés et discutés avec toute l'équipe. Les résultats individuels sont de préférence communiqués personnellement au collaborateur. Les contributions exceptionnelles d'un membre doivent être soulignées. Ce bilan est essentiel pour l'implication future des collaborateurs.

ATTENTION ! Un manager doit toujours formuler les manquements sous forme de critiques positives et remercier les collaborateurs qui respectent les délais et la qualité.

Exemple Le manager Otto a pris des engagements très précis sur un travail qu'il a promis de réaliser pour l'équipe. La précision est importante pour qu'Ubu n'exprime pas de désaccord concernant ce qui sera réalisé par rapport aux promesses. Lorsqu'Otto a terminé le travail, il rappelle à Ubu qu'il a respecté son engagement et qu'il attend en contrepartie un engagement et des résultats de la part des autres membres de l'équipe.

Fiche 16 Manager la motivation

La motivation vient des **réalisations**, du **développement personnel**, de la **satisfaction au travail** et de la **reconnaissance.** Ces facteurs nécessitent des incitations de différentes natures pour influencer positivement les collaborateurs.

Caractéristiques de la motivation

Le lien motivation-emploi dépend des caractéristiques suivantes :

- identification des activités à réaliser et leur importance ;
- variété des compétences nécessaires ;
- degré d'autonomie dans l'exécution de ces activités ;
- rémunérations.

En conséquence, le manager **ajuste les activités aux compétences** des salariés pour obtenir la meilleure performance possible.

Il respecte la **règle de Vroom** qui suppose que **la motivation est maximale si les tâches à effectuer représentent un défi pour le collaborateur, mais qu'elles restent réalisables** et que ses efforts vont entraîner une bonne performance conduisant à une forme de récompense qui correspond à ses attentes.

La mise au point d'**incitations** pour motiver les collaborateurs (à faire mieux ou à supprimer certains comportements négatifs) nécessite de connaître leurs motivations et leurs besoins.

ATTENTION ! Les besoins sont très variés et il ne faut pas les individualiser, mais offrir un programme commun pour ne pas créer de jalousies.

Différentes catégories d'incitations

Il existe deux grandes catégories d'incitations : les incitations monétaires et non monétaires.

Incitations monétaires

Elles recouvrent l'ensemble des gratifications matérielles comme **le salaire, la participation aux bénéfices, les avantages en nature** (ex. : véhicule de fonction), etc.

Le manager peut fixer des rémunérations différentes selon l'ancienneté, le niveau de responsabilité, les diplômes, le rendement, ou définir des primes (par exemple en fonction de la qualité, ou une prime d'économie s'il n'y a pas de gaspillage). Ces incitations monétaires sont fixées sur la base de la performance individuelle et/ou collective.

Astuce

Les boîtes à idées (aussi appelées systèmes de suggestion) permettent aux collaborateurs de soumettre des points d'amélioration pour l'entreprise. Une bonne suggestion ouvre le droit à une prime monétaire ou à une participation au gain réalisé, voire à une mise à l'honneur.

ATTENTION ! Le recours excessif aux incitations monétaires peut être contreproductif, elles doivent être limitées aux activités exceptionnelles.

Incitations non monétaires

Elles sont relatives à la **nature du travail, aux possibilités de formation, de télétravail, à l'ambiance de travail, à l'aménagement des horaires et des pauses, au confort** du lieu de travail...

Ces incitations répondent aux besoins sociaux d'appartenance à un groupe et aux relations entre collaborateurs, à l'estime et à l'épanouissement des salariés, mais elles sont aussi liées à la marque employeur, à la fierté de faire partie d'une entreprise et aux relations informelles difficilement influençables pour le manager.

Motivation à l'embauche et pendant l'activité

Les incitations sont aussi liées aux embauches et permettent de convaincre les talents de rejoindre l'entreprise. Pour motiver les jeunes recrues, le manager prépare un **parcours d'intégration** qui consiste à les accompagner dans l'apprentissage du métier : mise à disposition d'un mentor pour les soutenir, définition d'un protocole d'accueil, information sur l'organigramme, présentation aux collègues...

Exemple

Les leviers de motivation des nouvelles générations sont-ils différents ? Ubu, jeune diplômé, espère plus qu'une simple relation manager-collaborateur. Il met en avant l'intérêt au travail, la diversité des missions, ses possibilités d'évolution. Otto, ancien manager, est dubitatif. Il ne voit pas là de différence avec les aspirations des autres employés, si ce n'est un besoin de communication plus élevé.

En complément de l'entretien annuel obligatoire, des **entretiens réguliers** avec l'ensemble des collaborateurs sont organisés, afin de les remotiver et de s'assurer de leur attachement à l'entreprise.

Fiche 17 Manager les émotions

Les émotions guident nos comportements et nos décisions. Elles sont induites par des situations précises. La perception d'une situation varie d'un collaborateur à un autre.

Reconnaître les émotions

Le manager doit apprendre à **reconnaître et à maîtriser ses propres émotions**. Exprimées d'une manière abrupte ou trop fréquente, elles seraient perçues comme des signes de faiblesse. Si les émotions sont utiles pour guider comportements et actions, il faut les reconnaître et ne pas se laisser submerger.

ATTENTION ! Chaque émotion est utile et légitime, mais pas forcément le comportement qu'elle déclenche. Au-delà de la maîtrise des émotions, ce sont les comportements qu'il faut manager.

Détecter et comprendre ses propres émotions permet de mieux **reconnaître celles des autres** et ainsi d'améliorer le bien-être au travail de tous. Elles se manifestent notamment par le rythme cardiaque élevé, les mains moites, la transpiration, un vibrato dans la voix et, dans les cas plus extrêmes, des larmes, tremblements, cris de joie ou hurlements. En détectant les signaux d'émotion chez les autres, le manager améliore son **empathie** (ou son intuition sociale).

On parle d'**intelligence émotionnelle** lorsqu'on perçoit, exprime et intègre les émotions à sa pensée pour les utiliser dans le raisonnement sans qu'il soit perturbé de manière excessive, mais en l'améliorant.

Astuce

Les émotions sont essentielles à la prise de décision. La rationalisation est plutôt un acte a posteriori pour justifier les choix. Aussi, il est important de reconnaître et de maîtriser ses émotions pour prendre des décisions plus éclairées.

Le manager détecte les situations qui provoquent des émotions négatives, afin d'agir non pas sur les symptômes, mais sur leurs origines. Dans le cadre professionnel, il peut s'agir d'un retard de production, des impayés clients, d'une promotion promise mais non obtenue, d'un collègue qui fume sur le lieu de travail alors que c'est interdit…

Manager les émotions des collaborateurs

Les émotions sont contagieuses, et les milieux personnels et professionnels les laissent facilement s'infiltrer. **Les émotions positives et négatives se diffusent rapidement** au sein d'une équipe. Il n'est pas commode de travailler avec un collaborateur qui en véhicule trop ou trop souvent.

Le rôle du manager est de limiter la diffusion des émotions négatives et de maintenir des émotions positives pour agir sur le moral et l'optimisme des collaborateurs.

Le *flow*

Le manager doit permettre aux collaborateurs d'être dans un état dit de ***flow***, c'est-à-dire **une situation où l'on est totalement absorbé par une tâche et où l'on oublie ses préoccupations**. Cette approche managériale vise le bon équilibre entre difficulté et compétence pour favoriser la créativité et faire naître des émotions positives chez les collaborateurs, et ainsi améliorer la satisfaction au travail.

Pour cela, le manager doit répartir le travail en tâches qui représentent un léger défi pour le collaborateur, sachant que celui-ci aura suffisamment de compétences pour en venir à bout. Un décalage entre la difficulté et le niveau de compétence créera des émotions négatives.

Les états émotionnels et le *flow*

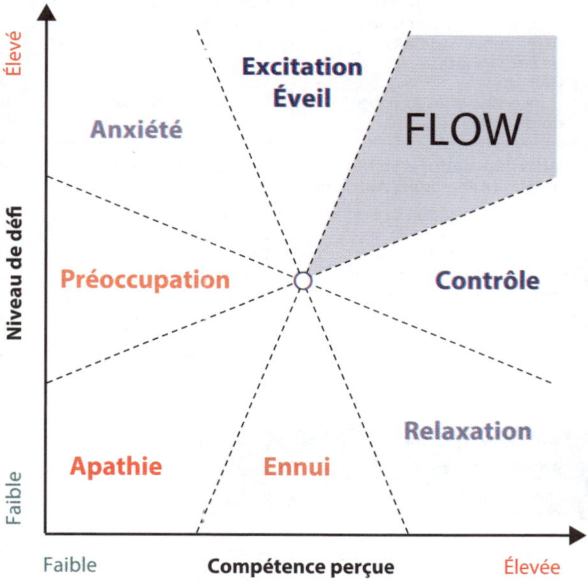

ATTENTION ! Pour qu'un collaborateur puisse être concentré sur une tâche et se surpasser, il faut veiller à ce qu'il ne soit pas interrompu trop fréquemment. Ainsi, de nombreux créatifs soulignent qu'ils sont plus productifs tôt le matin ou tard le soir, lorsqu'ils sont seuls au bureau.

Fiche 18 Manager avec du leadership

Qu'est-ce qu'un leader? La réponse varie en fonction de la culture nationale. Certains leaders sont simplement des managers de managers, d'autres s'intéressent à tous les employés. Il n'existe pas de style de leadership capable de séduire tous les collaborateurs; il doit être adapté en fonction de la situation.

Le leadership selon la culture nationale

Le leadership ne joue pas le même rôle et ne s'exprime pas de la même manière en fonction des époques ou de la culture nationale. Il existe quatre grands types de leadership qui se retrouvent dans différents groupes de pays.

Leadership par consensus (Suède, Finlande) • Reconnu pour son esprit d'équipe et sa communication • Attention aux détails de l'organisation • Dialogue • Consensus dans la prise de décision	**Leadership, une affaire de chef (Royaume-Uni, Irlande, Espagne)** • Reconnu pour son charisme • Tout dépend du leader unique • Règles et procédures vues comme bloquant la performance • Dominance du leader sur les suiveurs
Leadership autour d'un but commun (Allemagne, Autriche) • Reconnu pour son expertise fonctionnelle • Style autoritaire • Responsabilité de chacun clairement identifiée • Place importante du contrôle et de la discipline	**Leadership par principe (France)** • Reconnu par les principes qu'il défend • Émerge à la suite d'un manque de discipline • Fait preuve de flexibilité • Approche stratégique et conceptuelle

Leadership fonctionnel : un manager de manager

La **théorie fonctionnelle** s'intéresse aux actions du leader qui permettent aux collaborateurs d'atteindre leurs objectifs. La performance du leader est mesurée par l'amélioration de la performance globale.

Pour promouvoir l'efficience du groupe, le leader :

- **contrôle** l'environnement (son action rend l'environnement plus stable et plus compréhensible);
- **organise** les activités;
- **enseigne** et transmet les bonnes pratiques;
- **motive**;
- **agit** de manière proactive pour que le travail au sein du groupe se déroule dans de bonnes conditions.

Dans cette approche, les fonctions du leader sont proches de celles d'un manager. Le leader a un rôle plus important pour définir les conditions initiales de l'équipe (composition, formation, règles et droits de chacun, sélection des compétences et division du travail), auquel s'ajoute un rôle de coach.

Le leadership fonctionnel est utilisé par les organisations qui fonctionnent en mode projet, dont les équipes sont souvent récompensées et dont les objectifs sont revus au fur et à mesure que les projets sont complétés. Cette approche est également utilisée dans les situations d'urgence lorsqu'il faut mettre en place des équipes de secours (dans le management des catastrophes naturelles, par exemple).

Les formes de leadership qui motivent les collaborateurs

La **théorie du chemin-objectif** identifie quatre formes de leadership :

- **Les comportements directifs** : le leader directif assigne les tâches, met en place les procédures et s'assure de l'amélioration continue des activités. Ce faisant, il facilite la mise en œuvre d'une organisation et permet d'initier l'action des membres de l'équipe.
- **Les comportements aidants** : le leader développe de l'empathie pour la condition du collaborateur et met en place des actions qui vont dans son intérêt.
- **Les comportements participatifs** : le leader recueille l'avis des subordonnés avant de prendre une décision, de même qu'il peut lui-même participer concrètement pour aider un subordonné dans son travail.
- **Les comportements élitistes** : le leader fixe des objectifs plus élevés que ceux que le subordonné a l'habitude de réaliser. Il exprime la confiance qu'il lui accorde et le motive à se surpasser.

Exemple Ubu est dépassé par les activités administratives qu'il doit réaliser au sein de l'entreprise de cartonnage. Otto, son manager, l'aide souvent pour qu'il puisse terminer à temps : il fait preuve d'un leadership participatif.

Fiche 19 • Manager une réunion

Une réunion bien managée doit **rassembler toutes les conditions pour que la communication soit de qualité**, afin que tous les participants comprennent les débats et soient en mesure d'échanger et de travailler ensemble efficacement.

Le manager doit **préparer soigneusement la réunion** et s'assurer de son **bon déroulement** en impulsant un **rythme**. Il veille également au **suivi post-réunion**.

Préparation de la réunion

Le résultat d'une réunion dépend de la qualité de la préparation qui doit être au **TOPPP**. Le message d'invitation à la réunion doit lister les éléments ci-dessous, dans un style direct et factuel :

> **Astuce**
>
> *La réunion à distance est rentrée dans les mœurs. C'est une alternative valable et acceptée aux réunions en présentiel.*

- **T** : Thème = définition claire du sujet abordé.
- **O** : Objectif = s'agit-il d'informer, de collecter de l'information (des avis) et de discuter, ou de prendre des décisions (à quelle échéance) ?
- **P** : Participants = qui participe.
- **P** : Plan = ordre des sujets abordés.
- **P** : Programmation = date, heure, lieu et durée de la réunion.

> *Exemple* Ubu organise une réunion. Il a dressé un programme et une liste d'objectifs, mais il ne sait pas qui convier. Il s'interroge sur la présence du collaborateur Otto. Est-il concerné par les décisions à prendre ?

> **À retenir**
>
> Le manager doit maîtriser le sujet et l'organisation : pas besoin de talent d'orateur, mais de préparation.

Déroulement et fin de la réunion

Voici quelques suggestions de bon sens pour **dynamiser** la réunion :

- Priorisez les activités ; les débats ouverts sont à positionner en fin de réunion.
- Rappelez brièvement la règle pour prendre la parole.
- Si la réunion débute par un tour de table, veillez à ce que le premier et le dernier intervenant disposent du même temps de parole. Limitez la première intervention au nom

et à la fonction dans l'organisation, selon le rôle et l'intérêt par rapport au thème de la réunion.

- Personne ne doit monopoliser le débat s'il s'agit d'une réunion d'échanges, pas même le manager. Ne donnez la parole qu'à une seule personne à la fois.
- Désignez à l'avance un rapporteur qui ne participe pas activement à la réunion ni aux prises de décisions, afin de conserver une trace de la réunion, de rappeler ce qui a été décidé et quelle sera la tâche de chacun.
- Le compte rendu doit être rapidement disponible.
- Proscrivez tout parallèle avec le sujet et toute digression. Les collaborateurs pourraient s'engouffrer dans cette faille.
- Ne commencez pas en retard et terminez à l'heure.
- Plus la réunion est courte, moins les participants doivent avoir de matériel (pour une réunion de 5 minutes, pas de téléphone portable ni d'ordinateur).

Le choix de planifier une nouvelle réunion ne sera envisagé que si un point critique n'a pas été abordé ou si une décision n'a pas été prise. Autant en convenir aussitôt, si aucune information ne peut plus être apportée pour faire progresser le débat.

ATTENTION ! Un impératif doit être respecté : plus l'enjeu de la réunion est élevé, plus celle-ci doit être préparée, sur le fond et sur la forme.

Quelle est la bonne taille du groupe pour la réunion ?

Objet de la réunion	Taille à ne pas dépasser	Durée moyenne (essayer toujours de faire court)
Échanges, interactions	8	5 minutes à 2 heures
Lancement d'un projet	Uniquement les personnes directement impliquées, sinon c'est une réunion d'information	< 2 heures
Résolution d'un problème		En fonction de la nature du problème
Idéation, *brainstorming*	15	15 à 20 minutes par phases, pas plus de 3 ou 4 itérations, de préférence entrecoupées d'autres activités
Information générale	Plusieurs centaines	1 à 3 heures

Astuce

Prenez le temps de calculer le coût d'une réunion (en fonction du salaire horaire des participants, de la durée de la réunion et des frais de déplacement). Quel en est le ratio coût-bénéfice ?

Fiche 20 Manager le changement

Le management du changement accompagne les **transformations technologiques et organisationnelles de l'entreprise**.

Les argumentaires du changement

Pourquoi introduire des changements ?

Le management du changement s'impose aux organisations afin qu'elles s'adaptent à leur environnement concurrentiel, améliorent leurs chances de survie, réduisent leurs coûts ou facilitent la création de valeur pour les parties prenantes. Le changement peut venir de facteurs :

- **externes** : modification de la demande des clients, nouvelles normes de production, nouvelles technologies, conditions économiques et concurrentielles... ;
- **internes** : nouvelle stratégie, modification des ressources humaines (nombreux départs à la retraite ou recrutement massif), modification de l'attitude des collaborateurs...

Deux critères permettent de décrire le changement : la **magnitude** (de faible à profonde) et la **vitesse** (de lente à rapide, selon la nécessité de réactivité). Les changements les plus faciles à mettre en place sont ceux qui procurent le moins d'inconfort aux collaborateurs, qui ont le coût le plus faible et qui sont rapides à mettre en œuvre. Les petits changements permettent aussi de mettre en place une dynamique qui entraîne des changements plus profonds.

Pourquoi les collaborateurs sont-ils réticents au changement ?

Les quatre principales raisons sont les suivantes :

- Ils défendent leur intérêt personnel avant l'intérêt collectif.
- Ils affichent un manque de confiance dans le management.
- Ils ont un avis différent sur l'objectif de l'entreprise et les moyens pour l'atteindre.
- Ils ont une faible tolérance à la nouveauté.

Astuce

Assurez-vous de mettre des ressources à la disposition de ceux qui vous aident à mettre le changement en place, sans toutefois en retirer à ceux qui ne participent pas encore au mouvement.

Les différentes stratégies pour initier le changement

- **Stratégie « directive »** : le manager fait usage de son autorité pour imposer des choix et mettre en place un changement rapide. Cependant, cela crée de la résistance et réduit les bénéfices du changement.
- **Stratégie « expert »** : cette stratégie est à privilégier lorsqu'un problème d'ordre technique doit être solutionné. Plus le problème est technique, moins il y a d'opposition, car les collaborateurs n'ont pas les connaissances pour s'opposer.
- **Stratégie de négociation** : cette stratégie suppose que les parties (managers, équipes) expriment le désir de négocier afin de faire accepter le changement. Elle sous-entend que des concessions doivent être faites. Elle permet de faire accepter le changement, mais augmente le coût et ralentit la mise en place due au temps de négociation.
- **Stratégie d'éducation** : cette stratégie cherche à modifier les valeurs des collaborateurs pour faciliter le changement sur de nouvelles bases. Les collaborateurs deviennent alors des avocats du changement.
- **Stratégie participative** : les collaborateurs sont progressivement intégrés au changement ; le manager cherche à convaincre au cas par cas.

Le manager propose une vision simple du changement qui transforme les décisions complexes en petites étapes. La meilleure vision répond aux qualités suivantes :

- **Appropriable** par tous.
- **Désirable**.
- **Faisable**.
- **Focalisée** : le projet ne part pas dans tous les sens, l'objectif et les répercussions sont clairs.
- **Flexible** : la vision offre une porte de sortie, le retour en arrière à moindre coût semble possible.
- **Communicable** : la vision s'exprime brièvement.

Exemple

Le manager Otto souhaite mettre en place un nouvel outil informatique au sein de son groupe de restauration. Il opte pour une approche directive. De nombreux collaborateurs aux intérêts et aux visions opposés s'affrontent sur ce dossier. Otto adapte sa communication. Ubu ne comprend pas et s'oppose à ce qu'il juge n'être que des nouvelles contraintes.
Otto se rend compte que le changement est essentiellement technique et qu'il aurait dû choisir une autre approche.

Fiche 21 Manager l'intelligence collective

L'**intelligence collective** caractérise **la collaboration continue, créative et opérationnelle au sein d'une même organisation**. Elle se base sur l'échange d'informations et de connaissances et, grâce à un management dédié pour surmonter les freins à la collaboration, elle permet à l'entreprise d'atteindre **durablement** une meilleure performance.

Origine de l'intelligence collective

La collaboration intense propre à l'intelligence collective assure une meilleure collecte et circulation de l'information. C'est un avantage stratégique dans un environnement complexe dans lequel personne ne détient une vision d'ensemble.

L'intelligence collective ne se décrète pas ; c'est le **résultat d'un management de long terme**, basé sur la mise en place d'une culture, d'incitations, mais aussi de conditions matérielles, temporelles et organisationnelles d'échanges entre les membres d'une équipe. Cependant, permettre la collaboration n'induit pas immédiatement l'intelligence collective.

Créer des conditions matérielles d'échange d'information et de connaissances

Pour favoriser la collaboration, les entreprises peuvent mettre en place :

- **des lieux dédiés**, sans surveillance hiérarchique, où les personnes sont libres d'échanger sur leurs propres projets, qui deviendront un jour peut-être les projets de l'entreprise ;
- **des journées créatives** autour d'activités collaboratives et créatives (ex. : rédaction commune d'une charte, exercice de *design thinking*) ;
- **des journées de rencontre** entre les collaborateurs de plusieurs sites appartenant à la même entreprise.

Exemple Ubu et Otto échangent lors de la pause autour d'une idée d'amélioration de produit (une tondeuse) à la suite de la mise sur le marché d'un produit concurrent. Ils font remonter cette information au manager (qui l'ignorait) et, après le travail réglementaire, ils consacrent un peu de temps pour en discuter dans une salle dédiée, avec du matériel pour formaliser leurs idées. Un collègue les rejoint pour surmonter une difficulté technique. Ubu, Otto et leurs collègues développent une intelligence collective grâce aux espaces de travail qui favorisent la collaboration.

Manager à l'international

Fiche 22

L'internationalisation d'une entreprise est déterminée d'une part par la répartition géographique de ses activités, et d'autre part par l'internationalisation de ses équipes.

Internationalisation d'une entreprise

Le développement international présente des **avantages** : augmentation des ventes, accès direct à des matières premières, réduction des coûts (ex. : main-d'œuvre), meilleure maîtrise des taux de change et des taxes d'import-export.

Il comporte aussi des **inconvénients** : coûts non anticipés, vol de propriété intellectuelle, ressources humaines moins homogènes…

Le manager doit choisir entre différentes modalités d'extension géographique, assurant un contrôle décisionnel et des risques financiers plus ou moins élevés.

Exemple de modalités de développement à l'international

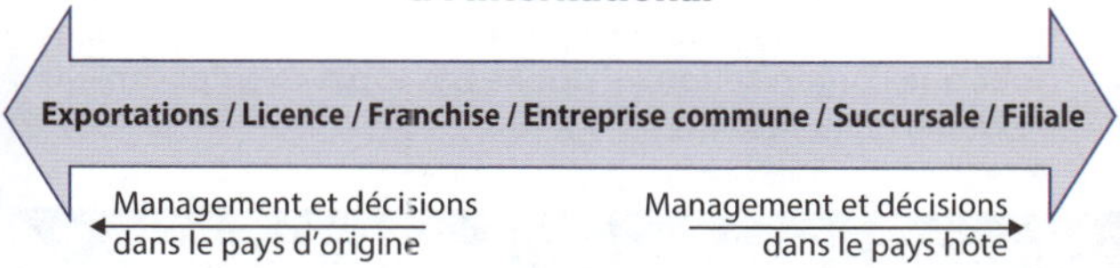

Management d'équipes internationalisées : le modèle de Hofstede

Les équipes internationalisées, où se mêlent de nombreuses cultures, présentent des avantages (elles adaptent mieux les produits aux cultures locales), mais elles sont plus difficiles à manager. La culture d'origine des collaborateurs influence leurs attentes.

Hofstede retient **six dimensions clés** qui s'expriment de manière plus ou moins marquée chez les collaborateurs :

- le positionnement par rapport à la distance hiérarchique ;
- le sens du collectif ;
- la masculinité/féminité ;
- la peur ou l'attirance à l'incertitude ;
- la vision à court terme/long terme ;
- l'indulgence aux erreurs.

Le manager s'attendra à des réactions différentes selon la composition de ses équipes.

Astuce

Vous pouvez consulter les scores des six dimensions de Hofstede par pays sur le site : https://www.hofstede-insights.com

Fiche 23 — Manager les connaissances

Le management des connaissances s'attache à **l'ensemble des activités qui portent sur le développement, l'apprentissage, l'utilisation et la mémorisation des connaissances par l'organisation**.

Audit des connaissances

Le management des connaissances inclut :

- **L'identification des connaissances** : auditer les connaissances, les compétences et le savoir-faire nécessaires aux activités de l'entreprise.
- **L'acquisition des connaissances** : déterminer les apprentissages, les formations, choisir les experts à inviter, les recrutements à effectuer pour acquérir les connaissances.
- **La création de connaissances** : développer de nouvelles connaissances pour créer de nouveaux produits ou améliorer les activités existantes.
- **La diffusion et la conservation des connaissances** : assurer la mise en œuvre et la conservation des connaissances pour que l'organisation « n'oublie pas », par exemple en cas de départ à la retraite.

Stratégie d'exploitation des connaissances

La stratégie d'exploitation des connaissances est liée **au recrutement et à la formation du personnel**. Quatre situations sont possibles en fonction des connaissances détenues par l'organisation :

- **Externaliser** : les connaissances sont non stratégiques, et l'entreprise n'en a pas une maîtrise spécifique. Autant externaliser les activités qui en dépendent.
- **Valoriser** : les connaissances sont centrales et doivent être maîtrisées pour assurer le fonctionnement *a minima* de l'organisation. Elles ne doivent pas être négligées ni dénigrées.
- **Commercialiser** : l'entreprise maîtrise un champ de connaissances, mais ne l'utilise que faiblement dans ses activités internes. Elle peut chercher à les commercialiser sous forme de service.
- **Exploiter** : l'entreprise maîtrise des connaissances spécifiques nécessaires à une activité. Elle se distingue en cela de ses concurrents. Elle doit protéger ses connaissances et continuer à les développer.

Exemple — L'entreprise Otto maîtrise une partie spécifique de la logistique des produits inflammables (elle produit des feux d'artifice). Elle s'interroge sur sa capacité à développer des services de consultance dans ce domaine pour des entreprises qui emploient les mêmes produits.

Manager l'histoire de l'entreprise

Fiche 24

La **narration organisationnelle (*storytelling*)** est le processus continu de **construction de sens (*sensemaking*), d'une culture historique commune et de connaissances partagées entre les membres d'une organisation**, afin de comprendre le passé, de partager les événements du présent et de fabriquer l'avenir.

La narration organisationnelle définit les récits à travers lesquels certains événements, parfois majeurs, parfois insignifiants, se chargent de signification symbolique et participent à la **culture interne** et à la **renommée externe** de l'entreprise.

Domaines d'application

L'histoire de l'entreprise se prête à une narration orale ou écrite, et s'utilise différemment dans de nombreux domaines.

Quand et comment utiliser l'histoire de l'entreprise ?

Management des informations et des connaissances	Faciliter la mise en place de nouvelles routines ou justifier les routines existantes. Sécuriser et documenter les connaissances des employés qui partent à la retraite.
Débriefing d'un projet / documentation	Apprendre des erreurs commises, transférer les éléments de réussite sur des projets similaires.
Management de la qualité	Faire participer les collaborateurs à l'amélioration continue.
Management du changement	Présenter une vision enthousiasmante d'un futur que l'on souhaite atteindre.
Coopération	Développer une confiance mutuelle.
Marketing	Créer un univers autour des produits de l'entreprise.

L'histoire de l'entreprise est principalement utilisée dans le cadre d'une stratégie globale. Le manager peut :

- **Tisser un fil rouge**. Il construit une narration qui ne prend en compte qu'un ensemble restreint d'événements et d'actions. La narration crée une **trajectoire** cohérente entre le passé et le présent. Cette narration met en exergue les **valeurs** spécifiques de l'entreprise.
- **Construire une identité**. Le manager souligne l'existence de compétences distinctives de l'entreprise que l'on retrouve à l'identique dans différentes situations. Le but de la narration est de montrer l'**intemporalité des compétences** distinctives et des **valeurs immuables** qui sont au cœur de l'organisation.
- **Exploiter le patrimoine historique**. Cela correspond à l'utilisation d'un très petit nombre de **succès du passé**, mais qui ont une pertinence contemporaine pour la majorité

des parties prenantes (clients, fournisseurs, employés). Cette approche vise à masquer des difficultés immédiates grâce à de grands succès ou des **victoires symboliques**. La promotion de cette symbolique historique inspire et rassure les collaborateurs.

ATTENTION! Les slogans publicitaires transmettent des valeurs, une idée de ce qu'est l'entreprise, à l'intérieur et à l'extérieur. Même si une publicité n'est qu'un petit encart ou un clip de quelques secondes, l'entreprise doit développer ce message de manière cohérente par rapport à sa stratégie et son histoire.

Étapes d'une bonne narration

- **Planification** : définir l'événement marquant qui doit être à la base de l'histoire à créer, ainsi que la cible (quelle partie prenante) et l'objectif à atteindre (fil rouge, etc.).
- **Entretien** : s'entretenir avec ceux qui ont participé à l'événement, afin de faire émerger une première version en fonction de ce que les participants ont retenu.
- **Extrait** : identifier quelles données utiliser, petits détails ou grandes lignes.
- **Création de l'arc narratif** : créer la narration et la tester auprès des témoins les plus proches. Le nouvel événement doit s'inscrire dans la continuité des activités de l'entreprise.
- **Diffusion** : communiquer en interne et/ou en externe. Mettre en avant des leçons à tirer et encourager des conversations au sein de l'entreprise.

Exemple L'entreprise d'ustensiles de cuisine Ubu existe depuis cent ans. Elle a d'abord fait éditer un livret avec des photos et des petites anecdotes de ses plus grands succès (les produits qui ont été des échecs sont ignorés). Maintenant, le manager d'Ubu réfléchit à créer un mini-musée afin de mettre en valeur l'histoire de l'entreprise.

ATTENTION! L'histoire peut être tronquée ou enjolivée mais elle ne doit pas être mensongère. Les faits doivent être avérés, sinon le manager prend le risque de se décrédibiliser.